D1445726